Impressum
Verlag: BABADADA GmbH, Nedderfeld 112 , 22529 Hamburg
Geschäftsführer / Verlagsleitung: Harald Hof
Druck: Books on Demand GmbH, In de Tarpen 42, 22848 Norderstedt

Imprint
Publisher: BABADADA GmbH, Nedderfeld 112 , 22529 Hamburg, Germany
Managing Director / Publishing direction: Harald Hof
Print: Books on Demand GmbH, In de Tarpen 42, 22848 Norderstedt, Germany

skole

school

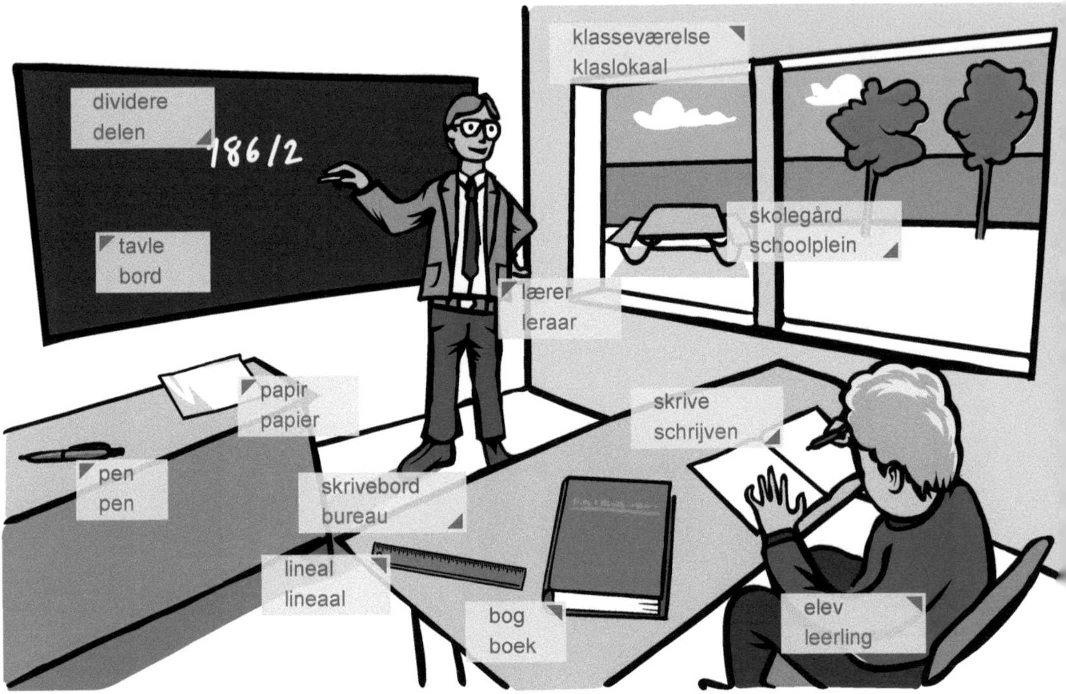
klasseværelse
klaslokaal
dividere
delen
186/2
tavle
bord
skolegård
schoolplein
lærer
leraar
papir
papier
skrive
schrijven
pen
pen
skrivebord
bureau
lineal
lineaal
bog
boek
elev
leerling

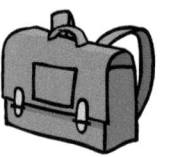

skoletaske

schooltas

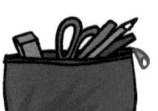

penalhus

etui

blyant

potlood

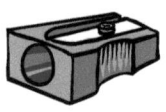

blyantspidser

puntenslijper

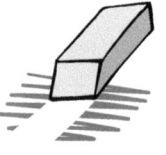

viskelæder

gum

tegneblok

schetsblok

tegning
tekening

pensel
penseel

æske med vandfarver
verfdoos

saks
schaar

lim
lijm

opgavehefte
schrift

lektie
huiswerk

12

tal
getal

2+2

addere
optellen

5-2

subtrahere
aftrekken

2×2

multiplicere
vermenigvuldigen

regne
rekenen

A

bogstav
letter

ABCDEFG HIJKLMN OPQRSTU VWXYZ

alfabet
alfabet

hello

ord
woord

tekst
tekst

læse
lezen

kridt
krijt

time
les

klasseprotokol
klassenboek

eksamen
examen

karakterbog
diploma

skoleuniform
schooluniform

uddannelse
opleiding

leksikon
encyclopedie

universitet
universiteit

mikroskop
microscoop

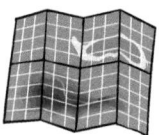

kort
kaart

papirkurv
prullenmand

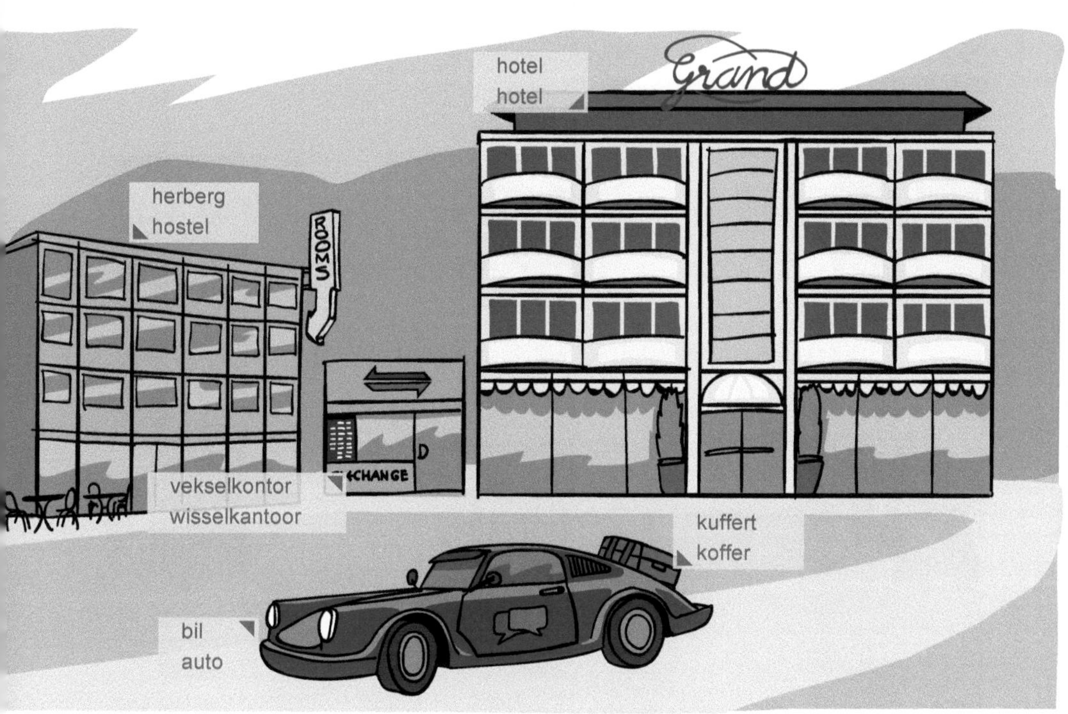
hotel
hotel
Grand
herberg
hostel
ROOMS
vekselkontor
wisselkantoor
EXCHANGE
kuffert
koffer
bil
auto

sprog
taal

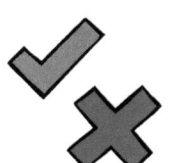

ja / nej
ja / nee

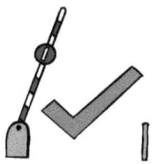

okay
oké

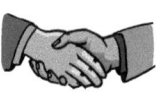

hej
Hallo!

oversætter
tolk

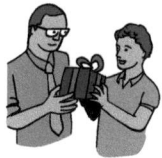

tak
Bedankt.

hvad koster...?

Wat kost ...?

Jeg forstår ikke

Ik begrijp het niet.

problem

probleem

God aften!

Goedenavond!

God morgen!

Goedemorgen!

God nat!

Goedenacht!

farvel

Tot ziens!

retning

richting

bagage

bagage

taske

tas

rygsæk

rugzak

gæst

gast

værelse

kamer

sovepose

slaapzak

telt

tent

turistinformation

VVV-kantoor

strand

strand

kreditkort

creditkaart

morgenmad

ontbijt

middagsmad

lunch

aftensmad

diner

billet

kaartje

elevator

lift

frimærke

postzegel

grænse

grens

told

douane

ambassade

ambassade

visum

visum

pas

paspoort

transport
transport

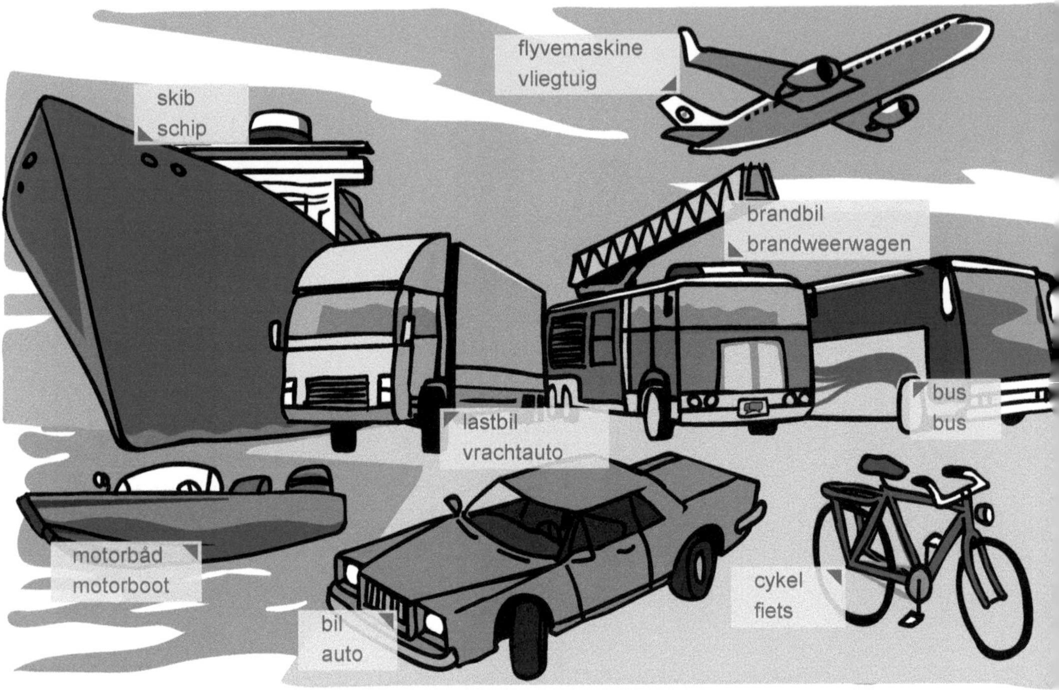

flyvemaskine
vliegtuig
skib
schip
brandbil
brandweerwagen
bus
bus
lastbil
vrachtauto
motorbåd
motorboot
cykel
fiets
bil
auto

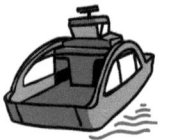

færge

veerboot

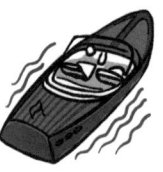

båd

boot

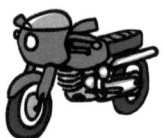

motorcykel

motorfiets

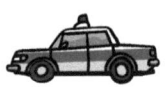

politibil

politiewagen

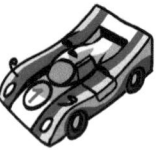

racerbil

raceauto

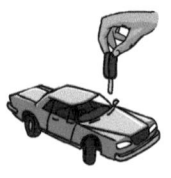

lejebil

huurauto

samkørsel

carsharing

kranbil

takelwagen

skraldebil

vuilniswagen

motor

motor

benzin

benzine

tankstation

benzinepomp

trafikskilt

verkeersbord

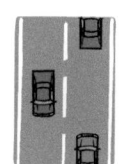

trafik

verkeer

trafikprop

file

parkeringsplads

parkeerplaats

banegård

station

skinner

rails

tog

trein

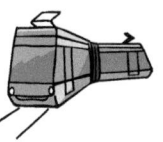

sporvogn

tram

wagon

wagon

helikopter

helikopter

lufthavn

luchthaven

tårn

toren

passager

passagier

container

container

karton

verhuisdoos

kærre

kar

kurv

mand

starte / lande

opstijgen / landen

by

stad

landsby

dorp

bymidte

stadscentrum

hus

huis

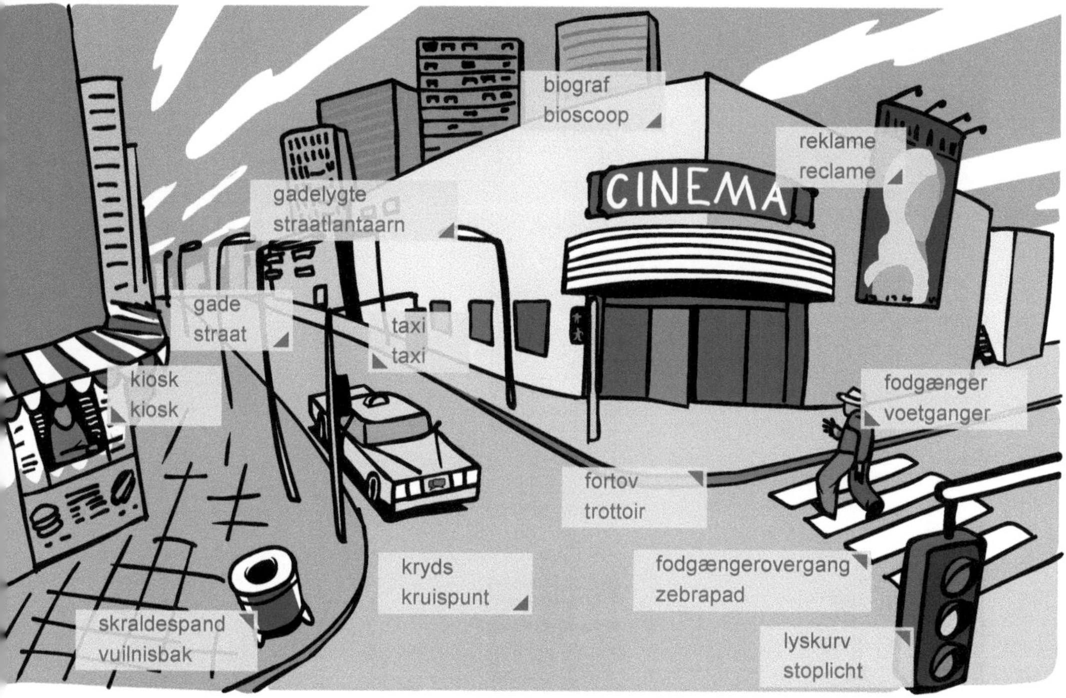

biograf
bioscoop

reklame
reclame

gadelygte
straatlantaarn

CINEMA

gade
straat

taxi
taxi

kiosk
kiosk

fodgænger
voetganger

fortov
trottoir

kryds
kruispunt

fodgængerovergang
zebrapad

skraldespand
vuilnisbak

lyskurv
stoplicht

hytte

hut

lejlighed

appartement

banegård

station

rådhus

stadhuis

museum

museum

skole

school

universitet

universiteit

bank

bank

sygehus

ziekenhuis

hotel

hotel

apotek

apotheek

kontor

kantoor

boghandel

boekenwinkel

butik

winkel

blomsterbutik

bloemenwinkel

supermarked

supermarkt

marked

markt

stormagasin

warenhuis

fiskehandler

visboer

butikscenter

winkelcentrum

havn

haven

park
park

bænk
bank

bro
brug

trappe
trap

undergrundsbane
metro

tunnel
tunnel

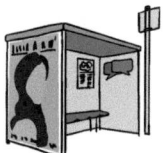

busstoppested
bushalte

barnevogn
bar

restaurant
restaurant

postkasse
brievenbus

vejskilt
straatnaambord

parkometer
parkeermeter

zoo
dierentuin

badeanstalt
zwembad

moske
moskee

bondegård
boerderij

miljøforurening
vervuiling

kirkegård
begraafplaats

kirke
kerk

legeplads
speelplaats

tempel
tempel

landskab
landschap

blad
blad

vejviser
wegwijzer

vej
weg

eng
weide

sten
steen

træ
boom

vandrer
wandelaar

flod
rivier

græs
gras

blomst
bloem

dal
vallei

bjerg
berg

sø
meer

skov
bos

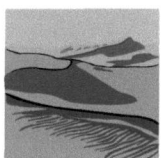

ørken
woestijn

vulkan
vulkaan

slot
kasteel

regnbue
regenboog

svamp
paddenstoel

palme
palmboom

moskito
mug

flue
vlieg

myre
mier

bi
bij

edderkop
spin

bille
kever

frø
kikker

egern
eekhoorn

pindsvin
egel

hare
haas

ugle
uil

fugl
vogel

svane
zwaan

vildsvin
wild zwijn

hjort
hert

elg
eland

dæmning
stuwdam

vindmølle
windmolen

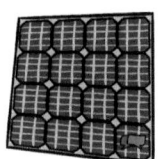

solcellemodul
zonnepaneel

klima
klimaat

restaurant
restaurant

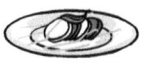

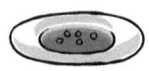

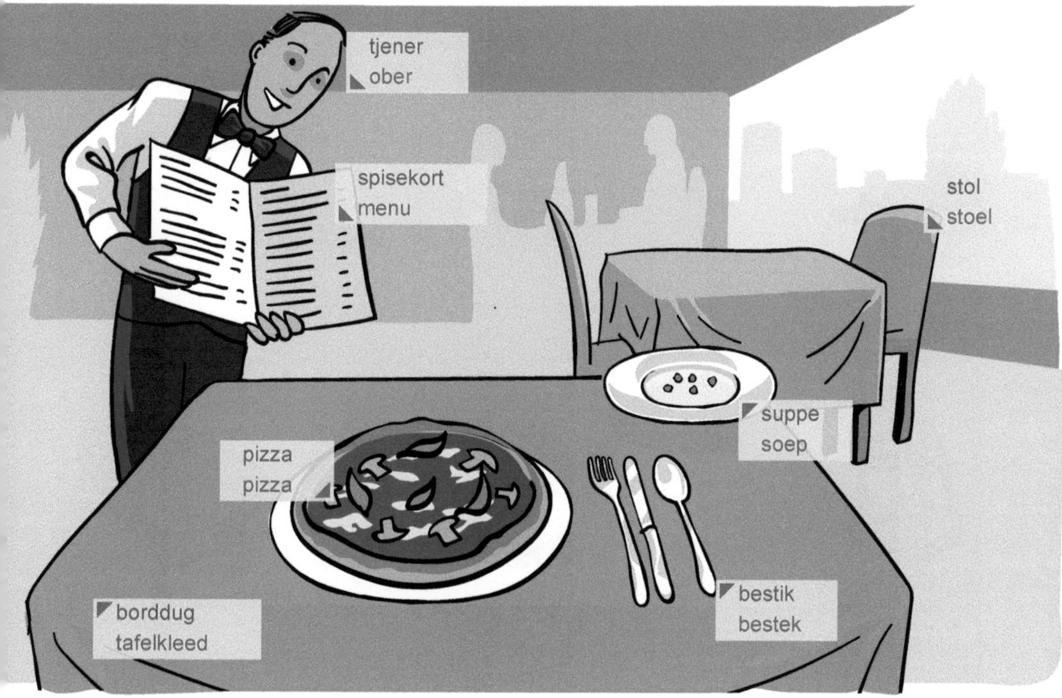
tjener
ober
spisekort
menu
stol
stoel
suppe
soep
pizza
pizza
borddug
tafelkleed
bestik
bestek

forret
voorgerecht

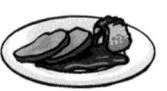

hovedret
hoofdgerecht

dessert
toetje

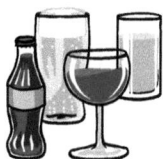

drikkevarer
dranken

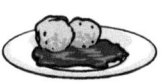

mad
eten

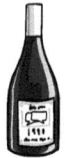

flaske
fles

fastfood

fastfood

streetfood

eetkraampje

tekande

theepot

sukkerdåse

suikerpot

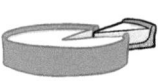

portion

portie

espressomaskine

espressomachine

barnestol

kinderstoel

faktura

rekening

tablet

dienblad

kniv

mes

gaffel

vork

ske

lepel

teske

theelepel

serviet

servet

glas

glas

tallerken

bord

dyb tallerken

soepbord

underkop

schotel

sovs

saus

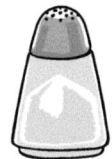

saltbøsse

zoutvaatje

peberkværn

pepermolen

eddike

azijn

olie

olie

krydderier

kruiden

ketchup

ketchup

sennep

mosterd

mayonnaise

mayonaise

supermarked
supermarkt

tilbud
aanbieding
FOR
kunde
klant
mælkeprodukter
zuivelproducten
frugt
fruit
indkøbsvogn
winkelwagen

BUTCHERS

slagter

slager

BAKERY

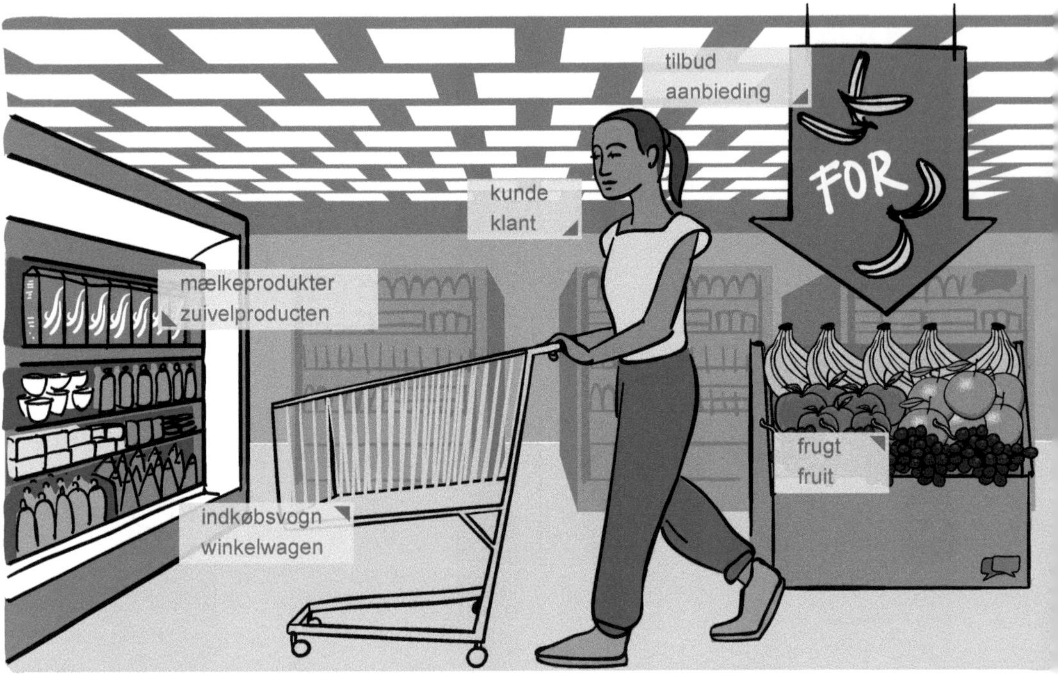

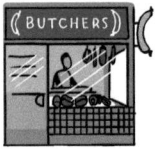

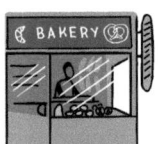

bageri

bakkerij

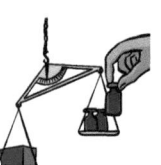

veje

wegen

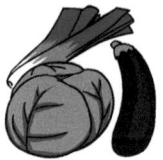

grøntsager

groente

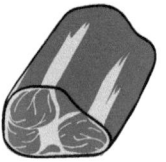

kød

vlees

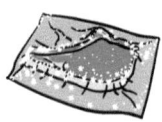

frostvarer

diepvriesproducten

pålæg

vleeswaren

konserves

conserven

vaskemiddel

wasmiddel

slik

snoepgoed

husholdningsvarer

huishoudelijke artikelen

rengøringsmidler

schoonmaakmiddel

ekspedient

verkoopster

kasse

kassa

kasserer

kassier

indkøbsliste

boodschappenlijstje

åbningstider

openingstijden

tegnebog

portefeuille

kreditkort

creditkaart

taske

tas

plasticpose

plastic zak

vand

water

saft

sap

mælk

melk

cola

cola

vin

wijn

øl

bier

alkohol

alcohol

kakao

chocolademelk

te

thee

kaffe

koffie

espresso

espresso

cappuccino

cappuccino

banan
....
banaan

æble
....
appel

appelsin
....
sinaasappel

melon
....
watermeloen

citron
....
citroen

gulerod
....
wortel

hvidløg
....
knoflook

bambus
....
bamboe

løg
....
ui

svamp
....
paddenstoel

nødder
....
noten

nudler
....
pasta

spaghetti

spaghetti

ris

rijst

salat

salade

pomfritter

friet

stegte kartofler

gebakken aardappelen

pizza

pizza

hamburger

hamburger

sandwich

sandwich

schnitzel

schnitzel

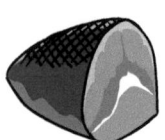

skinke

ham

salami

salami

pølse

worst

kylling

kip

steg

gebraad

fisk

vis

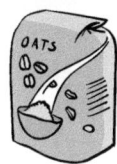

havregryn

havermout

mysli

muesli

cornflakes

cornflakes

mel

meel

croissant

croissant

rundstykke

broodjes

brød

brood

toast

toast

kiks

koekjes

smør

boter

kvark

kwark

kage

taart

æg

ei

spejlæg

gebakken ei

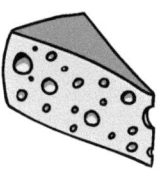

ost

kaas

mad - eten

is

ijs

sukker

suiker

honning

honing

marmelade

jam

nougat-creme

chocoladepasta

karry

kerrie

bondehus
boerderij

halmballer
hooibaal

skur
schuur

mark
veld

hest
paard

anhænger
aanhangwagen

traktor
tractor

føl
veulen

æsel
ezel

får
schaap

lam
lam

ged
geit

ko
koe

kalv
kalf

svin
varken

gris
big

tyr
stier

gås

gans

and

eend

kylling

kuiken

høne

kip

hane

haan

rotte

rat

kat

kat

mus

muis

okse

os

hund

hond

hundehus

hondenhok

haveslange

tuinslang

vandkande

gieter

le

zeis

plov

ploeg

segl
sikkel

hakkejern
schoffel

møggreb
hooivork

økse
bijl

trillebør
kruiwagen

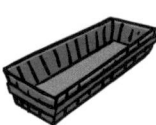

trug
trog

mælkekande
melkbus

sæk
zak

hæk
hek

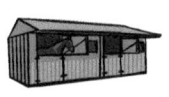

stald
stal

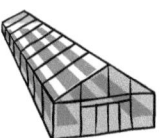

drivhus
broeikas

jord
grond

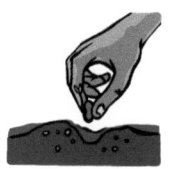

frø
zaad

gødning
mest

mejetærsker
maaidorser

høste
oogsten

høst
oogst

yams
yam

hvede
tarwe

soja
soja

kartoffel
aardappel

majs
maïs

raps
koolzaad

frugttræ
fruitboom

maniok
maniok

korn
granen

hus
huis

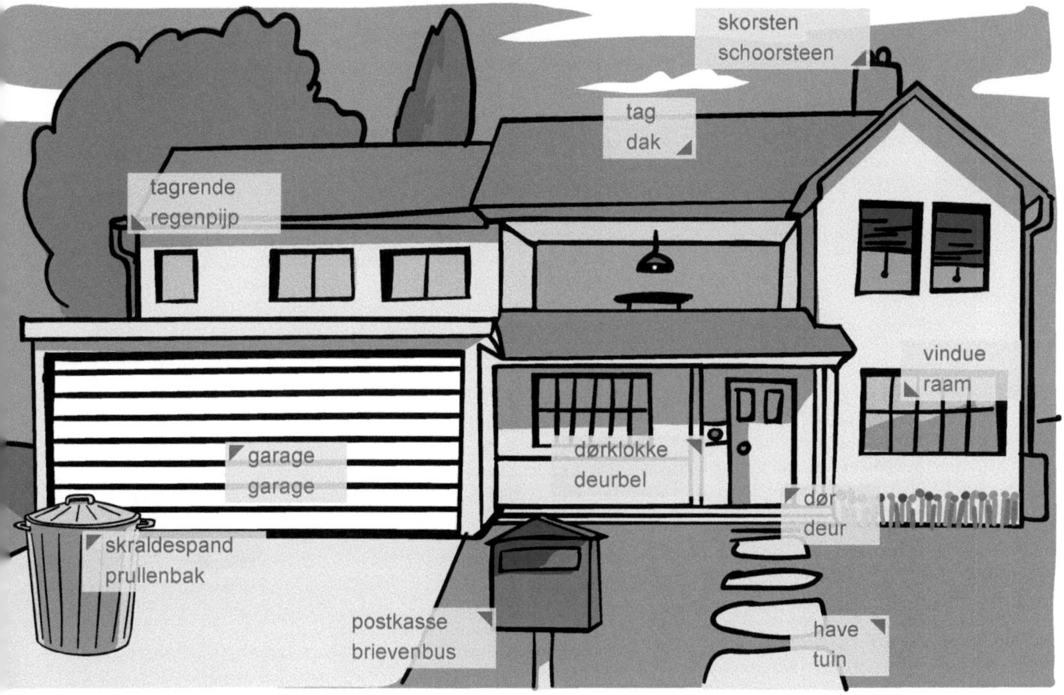
skorsten
schoorsteen
tag
dak
tagrende
regenpijp
vindue
raam
garage
garage
dørklokke
deurbel
dør
deur
skraldespand
prullenbak
postkasse
brievenbus
have
tuin

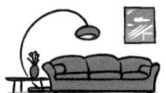

stue

woonkamer

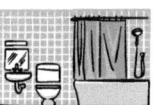

badeværelse

badkamer

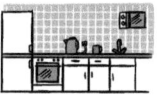

køkken

keuken

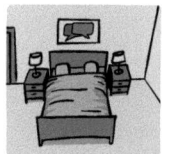

soveværelse

slaapkamer

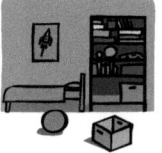

børneværelse

kinderkamer

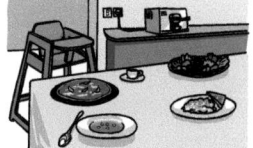

spisestue

eetkamer

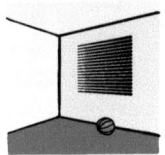

gulv
vloer

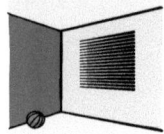

væg
muur

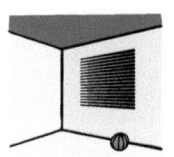

loft
plafond

kælder
kelder

sauna
sauna

altan
balkon

terrasse
terras

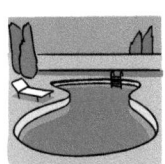

svømmehal
zwembad

plæneklipper
grasmaaier

dynebetræk
laken

dyne
bedsprei

seng
bed

kost
bezem

spand
emmer

kontakt
schakelaar

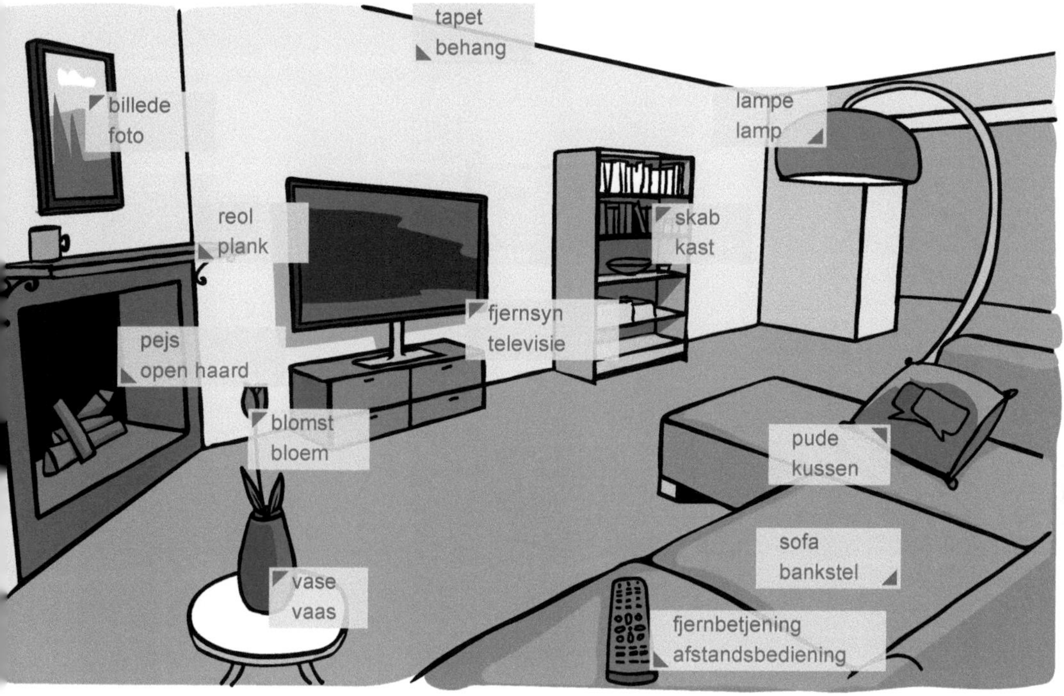

tapet
behang

billede
foto

lampe
lamp

reol
plank

skab
kast

pejs
open haard

fjernsyn
televisie

blomst
bloem

pude
kussen

sofa
bankstel

vase
vaas

fjernbetjening
afstandsbediening

gulvtæppe
tapijt

gardin
gordijn

bord
tafel

stol
stoel

gyngestol
schommelstoel

lænestol
stoel

bog
boek

tæppe
deken

dekoration
decoratie

brænde
brandhout

film
film

stereoanlæg
stereo-installatie

nøgle
sleutel

avis
krant

maleri
schilderij

plakat
poster

radio
radio

notesblok
kladblok

støvsuger
stofzuiger

kaktus
cactus

lys
kaars

køkken
keuken

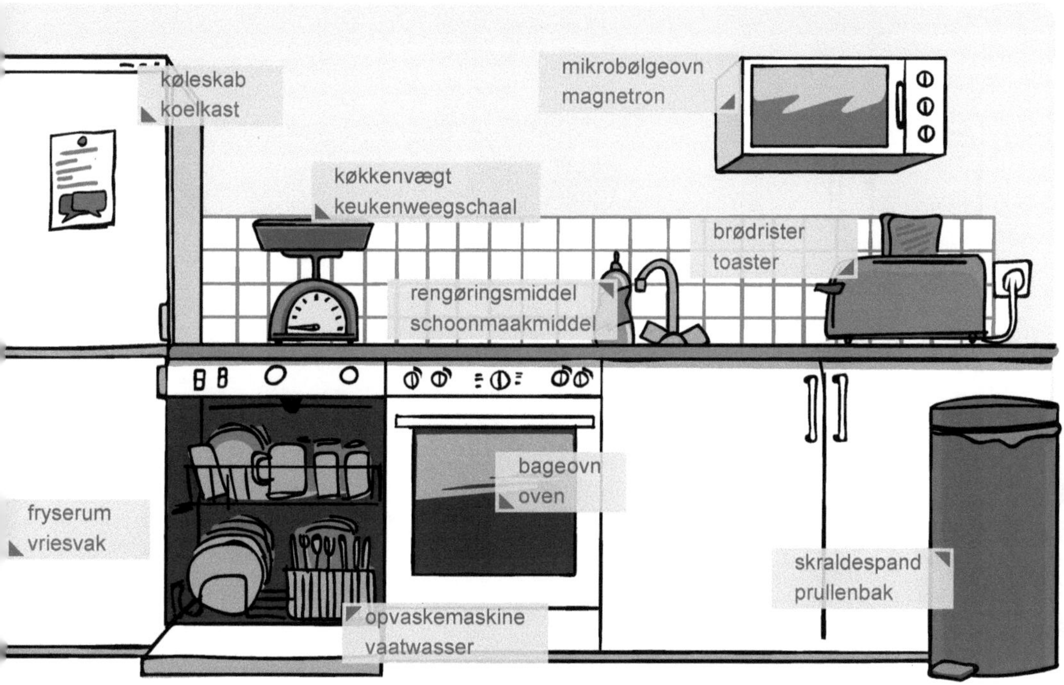
køleskab
koelkast
mikrobølgeovn
magnetron
køkkenvægt
keukenweegschaal
brødrister
toaster
rengøringsmiddel
schoonmaakmiddel
bageovn
oven
fryserum
vriesvak
skraldespand
prullenbak
opvaskemaskine
vaatwasser

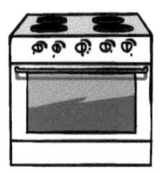

komfur

fornuis

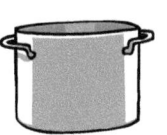

gryde

pan

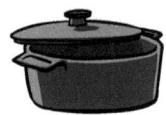

jerngryde

gietijzeren pan

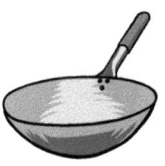

wok / kadai

wok / kadai

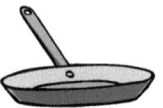

pande

koekenpan

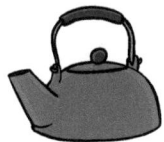

elkedel

ketel

dampkoger

stoomkoker

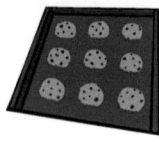

bageplade

bakplaat

service

servies

bæger

beker

skål

kom

spisepinde

eetstokjes

øseske

soeplepel

paletkniv

spatel

piskeris

garde

dørslag

vergiet

si

zeef

rive

rasp

morter

vijzel

grille

barbecue

ildsted

vuurhaard

skærebræt

snijplank

kagerulle

deegroller

proptrækker

kurkentrekker

dåse

blik

dåseåbner

blikopener

grydelap

pannenlap

køkkenvask

wasbak

børste

borstel

svamp

spons

blender

blender

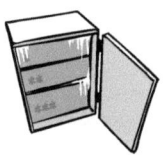

dybfryser

vriezer

sutteflaske

babyflesje

vandhane

kraan

badeværelse
badkamer

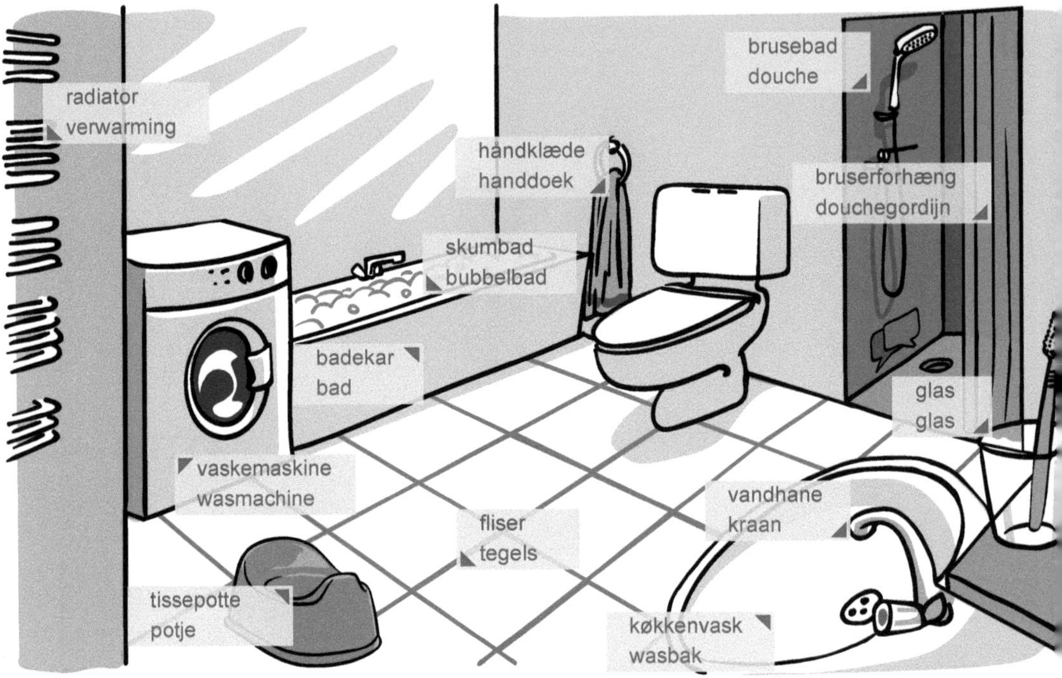
radiator
verwarming
brusebad
douche
håndklæde
handdoek
bruserforhæng
douchegordijn
skumbad
bubbelbad
badekar
bad
glas
glas
vaskemaskine
wasmachine
vandhane
kraan
fliser
tegels
tissepotte
potje
køkkenvask
wasbak

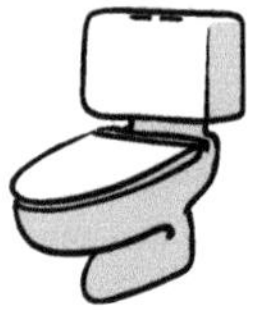

toilet

toilet

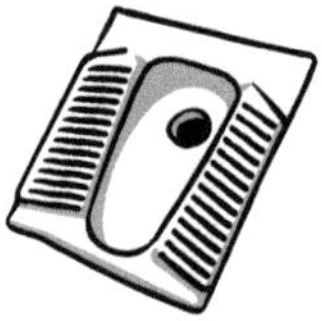

hugsiddende toilet

hurktoilet

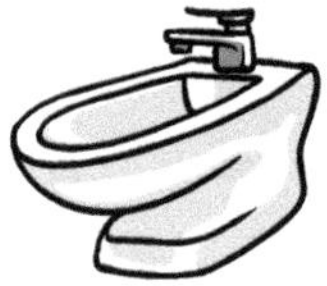

bidet

bidet

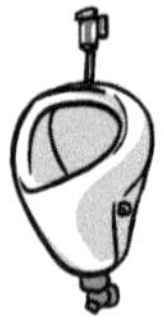

pissoir

urinoir

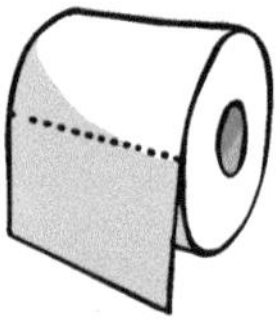

toiletpapir

toiletpapier

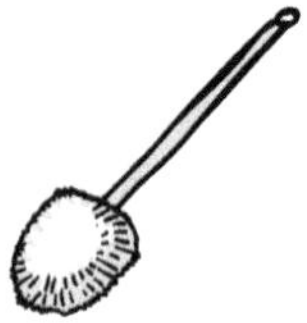

toiletbørste

toiletborstel

tandbørste

tandenborstel

tandpasta

tandpasta

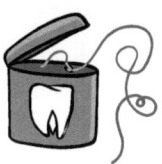

tandtråd

flosdraad

vaske

wassen

håndbruser

handdouche

intimbruser

toiletdouche

vaskefad

waskom

badebørste

rugborstel

sæbe

zeep

brusegele

douchegel

shampoo

shampoo

vaskeklud

washanje

afløb

afvoer

creme

creme

deodorant

deodorant

spejl

spiegel

kosmetikspejl

make-upspiegel

barberhøvl

scheermes

barberskum

scheerschuim

barbervand

aftershave

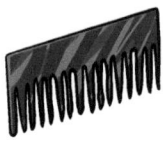

kam

kam

børste

borstel

hårtørrer

haardroger

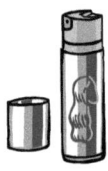

hårspray

haarspray

makeup

make-up

læbestift

lippenstift

neglelak

nagellak

vat

watten

neglesaks

nagelschaartje

parfume

parfum

toilettaske

toilettas

skammel

kruk

vægt

weegschaal

badekåbe

badjas

gummihandsker

rubber handschoenen

tampon

tampon

damebind

maandverband

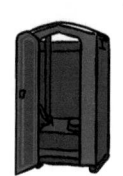

kemisk toilet

chemisch toilet

børneværelse
kinderkamer

vækkeur
wekker
bamse
knuffeldier
legetøjsbil
speelgoedauto
skralde
rammelaar
dukkehus
poppenhuis
gave
cadeau

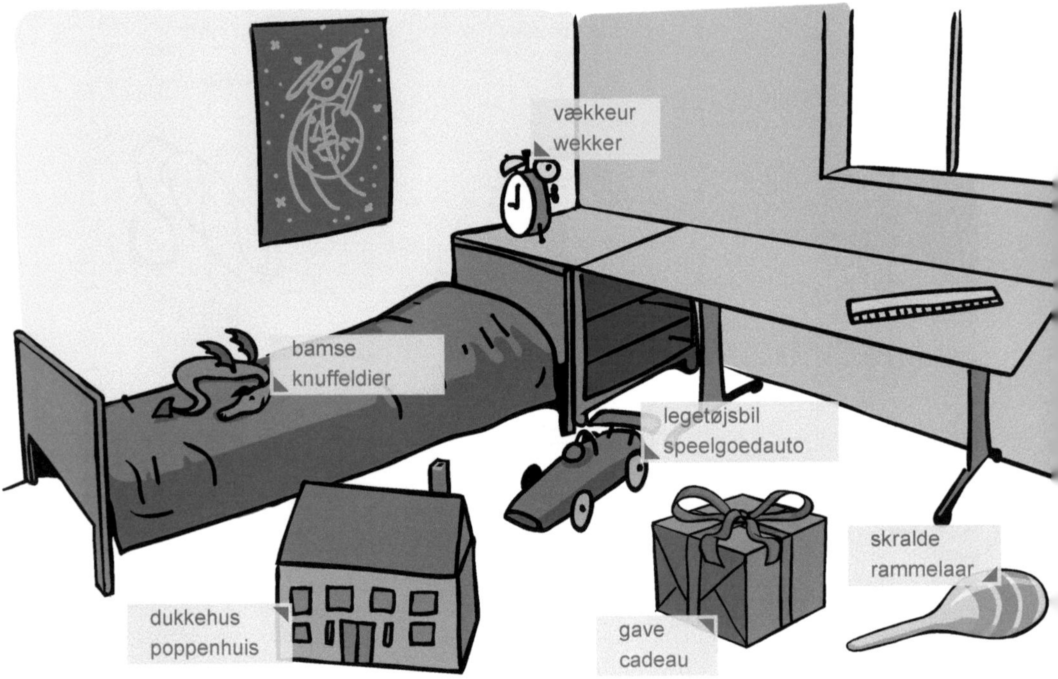

ballon
ballon

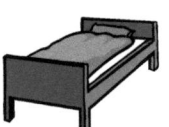

seng
bed

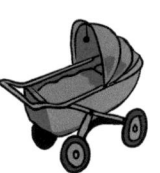

barnevogn
kinderwagen

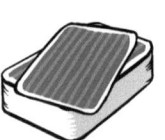

kortspil
kaartspel

puslespil
puzzel

SUPER
MEGA

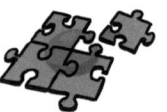

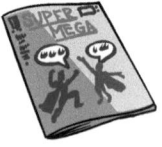

tegneserie
stripverhaal

legoklodser

legostenen

byggeklodser

speelgoedblokken

action figur

actiefiguurtje

sparkedragt

romper

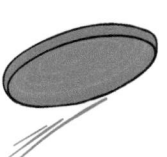

frisbee

frisbee

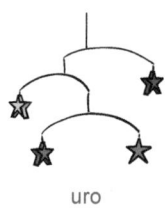

uro

mobile

brætspil

bordspel

terning

dobbelsteen

modeljernbane

modeltrein

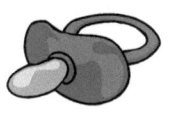

sut

speen

fest

feestje

billedbog

prentenboek

bold

bal

dukke

pop

lege

spelen

sandkasse
zandbak

gynge
schommel

legetøj
speelgoed

spillekonsol
spelcomputer

trehjulet cykel
driewieler

bamse
teddybeer

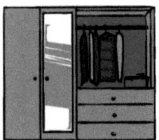

klædeskab
kleerkast

tøj
kleding

sokker
sokken

strømper
kousen

strømpebukser
panty

sjal
sjaal

bælte
riem

paraply
paraplu

T-shirt
T-shirt

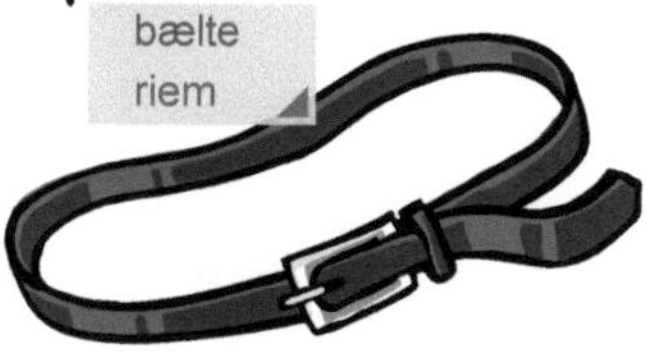

sneakers
sportschoenen

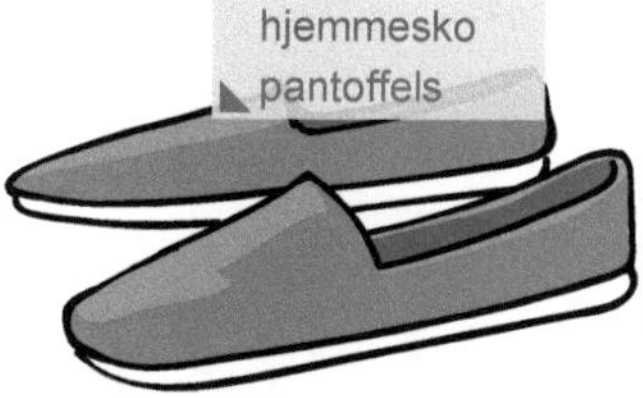

støvler
laarzen

hjemmesko
pantoffels

sandaler
sandalen

sko
schoenen

gummistøvler
rubberlaarzen

underbukser
onderbroek

BH
beha

undertrøje
onderhemd

tøj - kleding

45

body
body

bukser
broek

jeans
spijkerbroek

nederdel
rok

bluse
blouse

skjorte
overhemd

pullover
trui

sweatshirt
hoody

blazer
blazer

jakke
jas

frakke
mantel

regnfrakke
regenjas

kostume
kostuum

kjole
jurk

brudekjole
trouwjurk

jakkesæt

pak

nattrøje

nachthemd

pyjamas

pyjama

sari

sari

hovedtørklæde

hoofddoek

turban

tulband

burka

boerka

kaftan

kaftan

abaya

abaja

badedragt

zwempak

badebukser

zwembroek

korte bukser

korte broek

træningsdragt

trainingspak

forklæde

schort

handsker

handschoenen

knap

knoop

briller

bril

armbånd

armband

kæde

ketting

ring

ring

ørering

oorbel

hue

pet

bøjle

kledinghanger

hat

hoed

slips

stropdas

lynlås

rits

hjelm

helm

seler

bretels

skoleuniform

schooluniform

uniform

uniform

hagesmæk
slabbetje

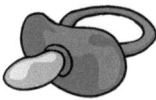

sut
speen

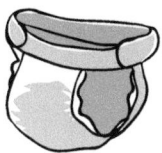

ble
luier

kontor
kantoor

server
server

arkivskab
archiefkast

printer
printer

papir
papier

skærm
beeldscherm

skrivebord
bureau

mus
muis

mappe
map

tastatur
toetsenbord

papirkurv
prullenmand

stol
stoel

computer
computer

kaffekrus
koffiemok

lommeregner
rekenmachine

internet
internet

bærbar

laptop

brev

brief

besked

bericht

mobil

mobiele telefoon

netværk

netwerk

kopimaskine

kopieermachine

software

software

telefon

telefoon

stikdåse

stopcontact

fax

fax

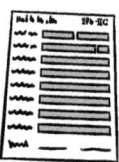

formular

formulier

dokument

document

købe

kopen

betale

betalen

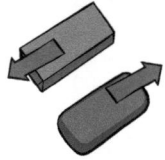

handle

handel drijven

penge

geld

 USD

dollar

dollar

 EUR

euro

euro

 JPY

yen

yen

 RUB

rubel

roebel

 CHF

schweizerfranc

Zwitserse frank

 CNY

renminbi yuan

renminbi yuan

 INR

rupee

roepie

hæveautomat

geldautomaat

vekselkontor

wisselkantoor

guld

goud

sølv

zilver

olie

olie

energi

energie

pris

prijs

kontrakt

contract

skat

belasting

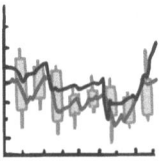

aktie

aandeel

arbejde

werken

ansat

werknemer

arbejdsgiver

werkgever

fabrik

fabriek

butik

winkel

politimand
politieagent

brandmand
brandweerman

kok
kok

læge
dokter

pilot
piloot

gartner

tuinman

tømrer

timmerman

syerske

naaister

dommer

rechter

kemiker

scheikundige

skuespiller

toneelspeler

buschauffør

buschauffeur

taxachauffør

taxichauffeur

fisker

visser

rengøringskone

schoonmaakster

tagdækker

dakdekker

tjener

ober

jæger

jager

maler

schilder

bager

bakker

elektriker

elektricien

bygningsarbejder

bouwvakker

ingeniør

ingenieur

slagter

slager

vvs-mand

loodgieter

postbud

postbode

soldat

soldaat

arkitekt

architect

kasserer

kassier

blomsterhandler

bloemist

frisør

kapper

togfører

conducteur

mekaniker

monteur

kaptajn

kapitein

tandlæge

tandarts

videnskabsmand

wetenschapper

rabbiner

rabbi

imam

imam

munk

monnik

præst

pastoor

værktøj
gereedschap

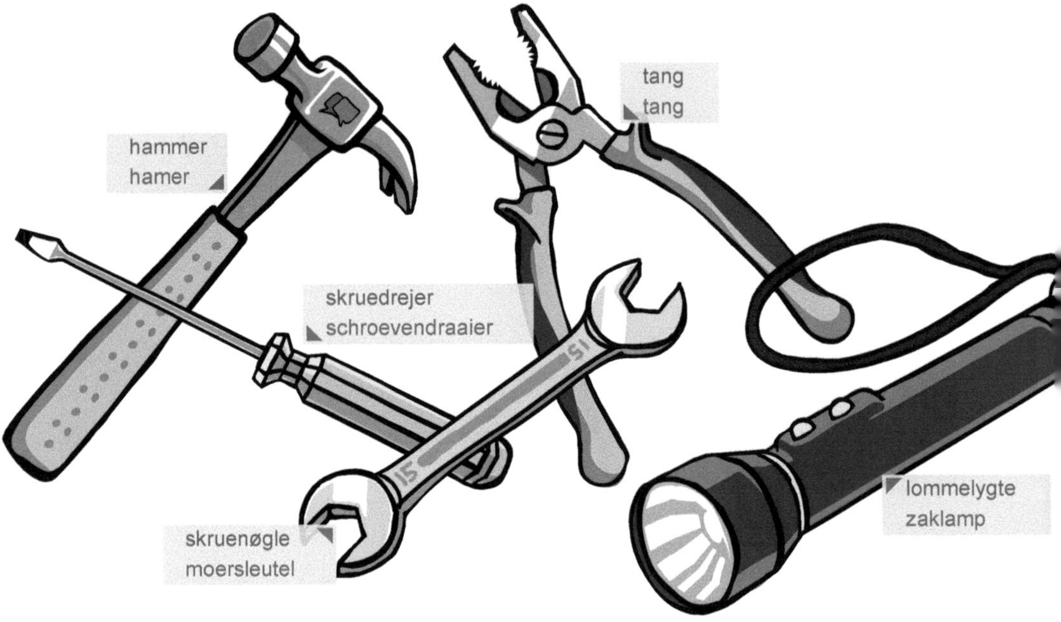

hammer
hamer
tang
tang
skruedrejer
schroevendraaier
skruenøgle
moersleutel
lommelygte
zaklamp

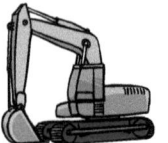

gravemaskine

graafmachine

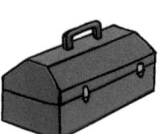

værktøjskasse

gereedschapskist

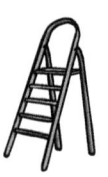

stige

ladder

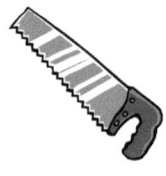

sav

zaag

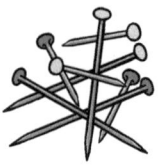

søm

spijkers

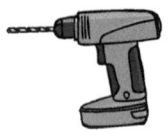

bor

boor

reparere

repareren

skovl

schep

Lort!

Verdorie!

fejebakke

stofblik

malerspand

verfpot

skruer

schroeven

musikinstrumenter
muziekinstrumenten

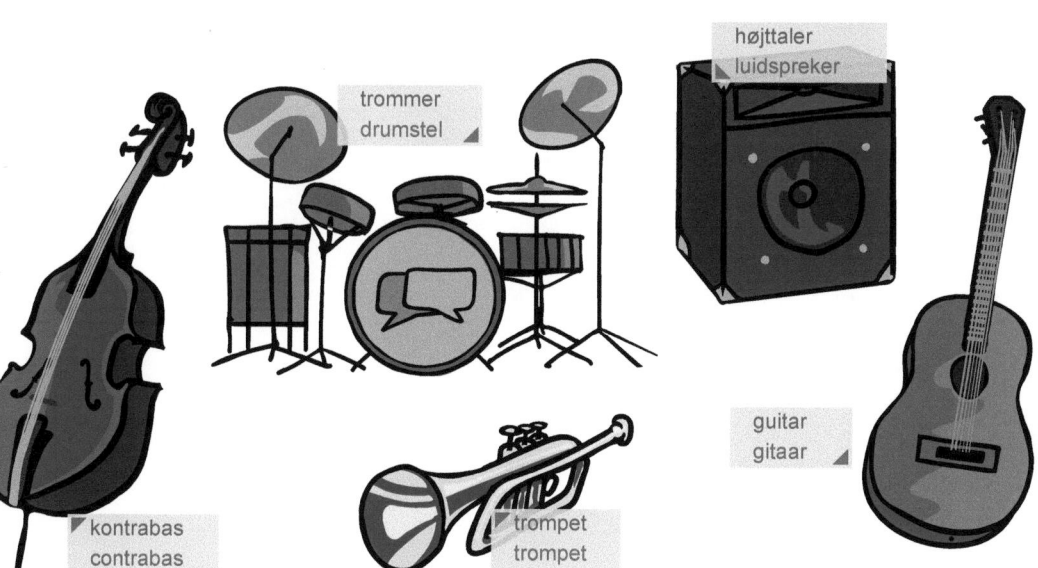

højttaler
luidspreker

trommer
drumstel

kontrabas
contrabas

trompet
trompet

guitar
gitaar

klaver

piano

violin

viool

bas

bas

pauke

pauk

tromme

trommel

keyboard

keyboard

saxofon

saxofoon

fløjte

fluit

mikrofon

microfoon

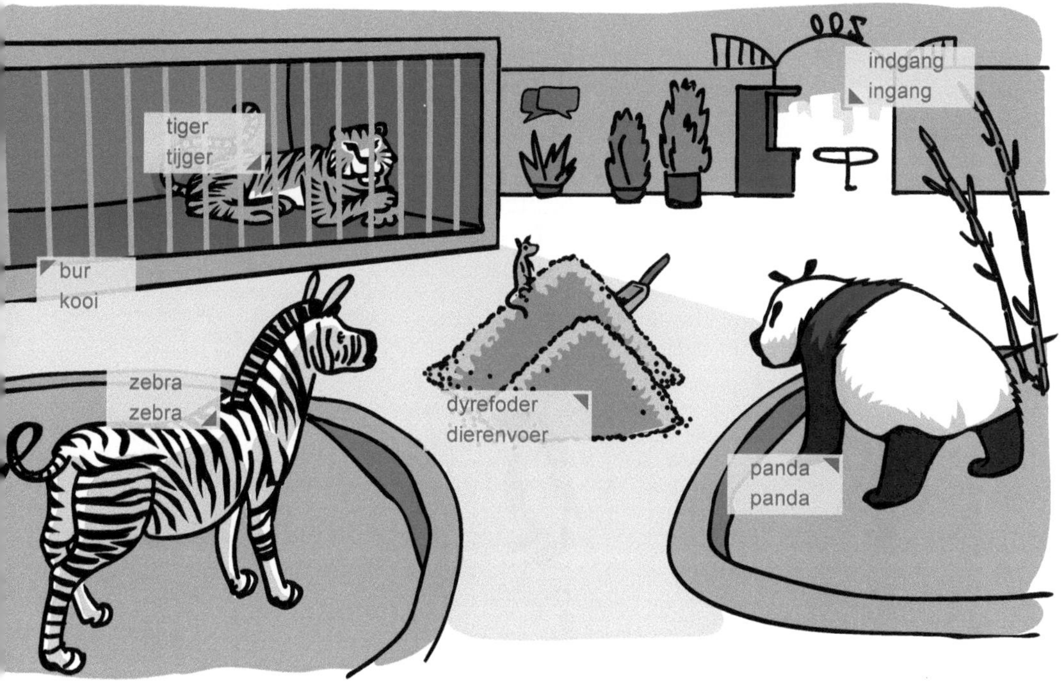

tiger
tijger

indgang
ingang

bur
kooi

zebra
zebra

dyrefoder
dierenvoer

panda
panda

dyr
dieren

elefant
olifant

kænguru
kangoeroe

næsehorn
neushoorn

gorilla
gorilla

bjørn
beer

kamel

kameel

struds

struisvogel

løve

leeuw

abe

aap

flamingo

flamingo

papegøje

papegaai

isbjørn

ijsbeer

pingvin

pinguïn

haj

haai

påfugl

pauw

slange

slang

krokodille

krokodil

dyrepasser

dierenverzorger

sæl

zeehond

jaguar

jaguar

pony
pony

leopard
luipaard

flodhest
nijlpaard

giraf
giraffe

ørn
adelaar

vildsvin
wild zwijn

fisk
vis

skildpadde
schildpad

hvalros
walrus

ræv
vos

gazelle
gazelle

amerikansk football
American football

cykling
wielrennen

tennis
tennis

basketball
basketbal

svømning
zwemmen

boksning
boksen

ishockey
ijshockey

fodbold
voetbal

badminton
badminton

atletik
atletiek

håndbold
handbal

skiløb
skiën

polo
polo

aktiviteter
activiteiten

grine
lachen
springe
springen
give et knus
knuffelen
gå
lopen
synge
zingen
drømme
dromen
bede
bidden
kysse
kussen

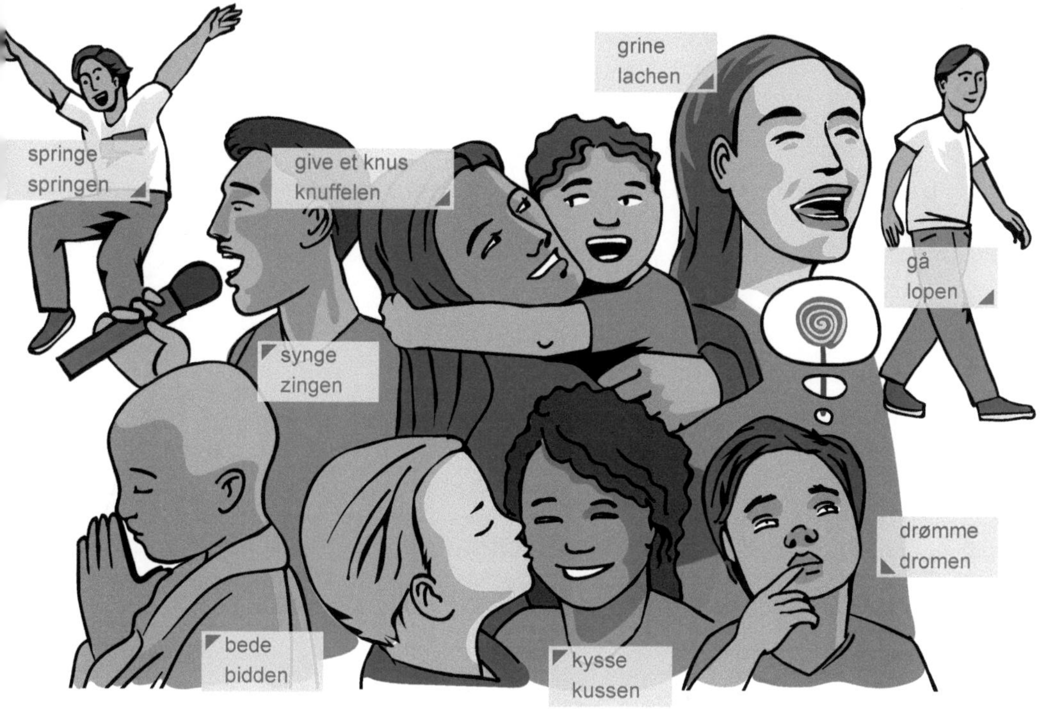

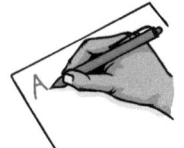

skrive

schrijven

tegne

tekenen

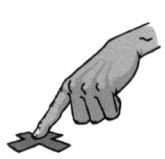

vise

tonen

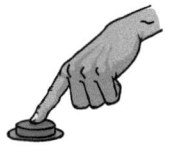

skubbe

duwen

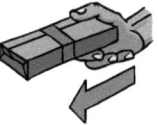

give

geven

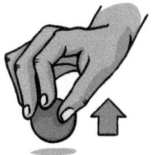

tage

oppakken

have
hebben

gøre
doen

være
zijn

stå
staan

løbe
rennen

trække
trekken

kaste
gooien

falde
vallen

ligge
liggen

vente
wachten

bære
dragen

sidde
zitten

tage på
aankleden

sove
slapen

vågne
wakker worden

se på
bekijken

græde
huilen

ae
strelen

kæmme
kammen

tale
praten

forstå
begrijpen

spørge
vragen

høre
horen

drikke
drinken

spise
eten

rydde op
opruimen

elske
houden van

koge
koken

køre
rijden

flyve
vliegen

sejle
zeilen

regne
rekenen

læse
lezen

lære
leren

arbejde
werken

gifte sig med
trouwen

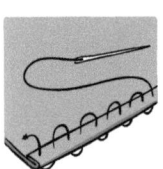

sy
naaien

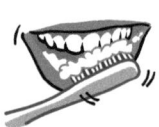

børste tænder
tandenpoetsen

dræbe
doden

ryge
roken

sende
verzenden

bedstemor
grootmoeder

bedstefar
grootvader

far
vader

mor
moeder

baby
baby

datter
dochter

søn
zoon

gæst

gast

tante

tante

onkel

oom

bror

broer

søster

zus

krop
lichaam

pande
voorhoofd
øje
oog
skulder
schouder
finger
vinger
ansigt
gezicht
hage
kin
hånd
hand
ben
been
bryst
borst
arm
arm

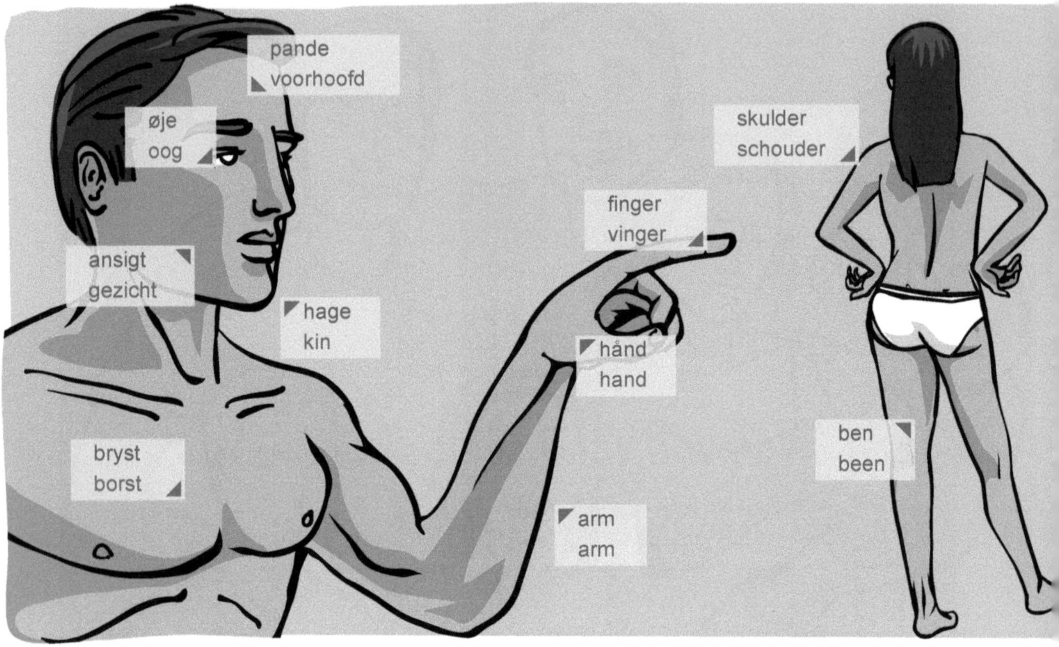

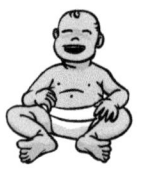

baby

baby

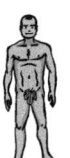

mand

man

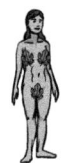

kvinde

vrouw

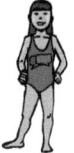

pige

meisje

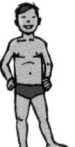

dreng

jongen

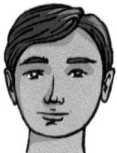

hoved

hoofd

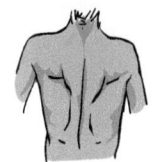

ryg

rug

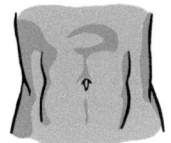

mave

buik

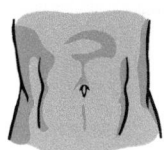

navle

navel

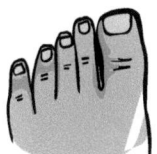

tå

teen

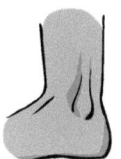

hæl

hiel

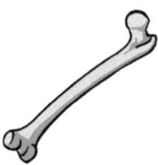

knogle

bot

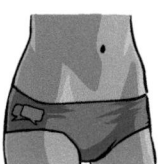

hofte

heup

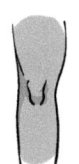

knæ

knie

albue

elleboog

næse

neus

bagdel

achterwerk

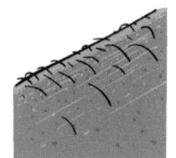

hud

huid

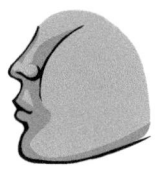

kind

wang

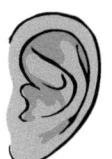

øre

oor

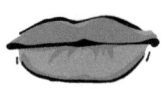

læbe

lippen

mund

mond

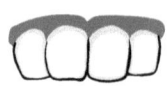

tand

tand

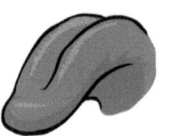

tunge

tong

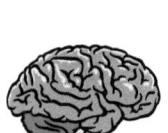

hjerne

hersenen

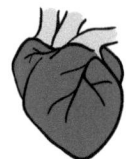

hjerte

hart

muskel

spier

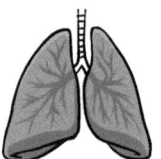

lunge

long

lever

lever

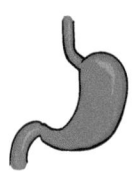

mavesæk

maag

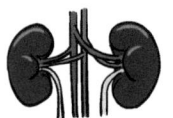

nyrer

nieren

sex

geslachtsgemeenschap

kondom

condoom

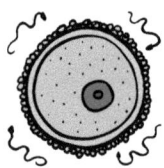

ægcelle

eicel

sperm

sperma

svangerskab

zwangerschap

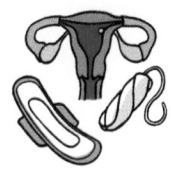

menstruation

menstruatie

vagina

vagina

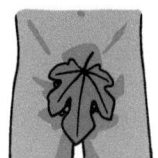

penis

penis

øjenbryn

wenkbrauw

hår

haar

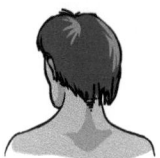

hals

hals

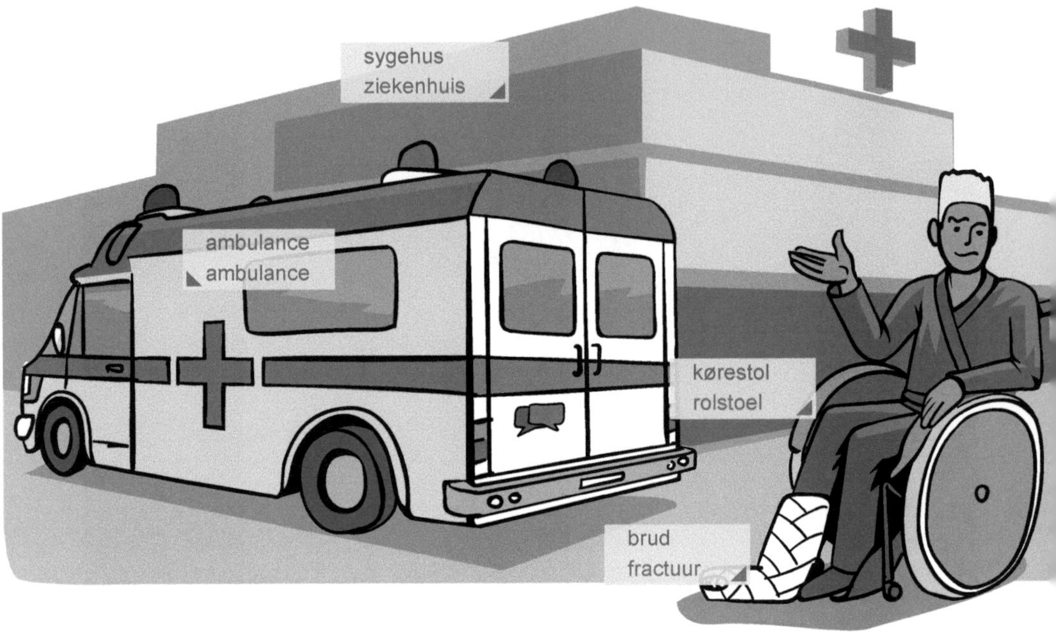

sygehus
ziekenhuis

sygehus
ziekenhuis
ambulance
ambulance
kørestol
rolstoel
brud
fractuur

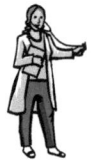

lægge

dokter

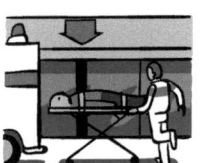

akutmodtagelse

EHBO

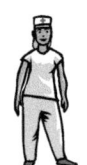

sygeplejerske

verpleegster

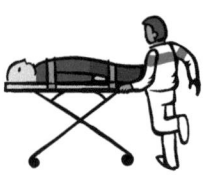

nødstilfælde

noodgeval

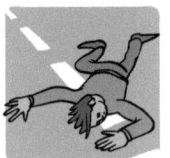

bevidstløs

bewusteloos

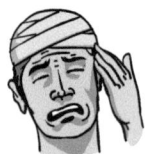

smerte

pijn

skade
verwonding

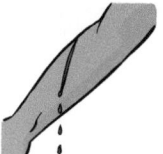

blødning
bloeding

hjerteinfarkt
hartaanval

slagtilfælde
beroerte

allergi
allergie

hoste
hoest

feber
koorts

influenza
griep

diarré
diarree

hovedpine
hoofdpijn

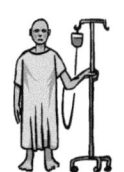

kræft
kanker

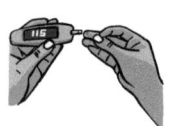

diabetes
diabetes

kirurg
chirurg

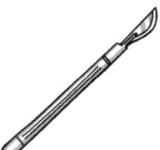

skalpel
scalpel

operation
operatie

CT
CT

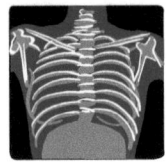

røntgen
röntgen

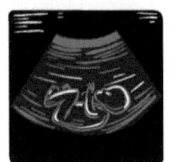

ultralyd
echografie

maske
gezichtsmasker

sygdom
ziekte

venteværelse
wachtkamer

krykke
kruk

plaster
pleister

forbinding
verband

injektion
injectie

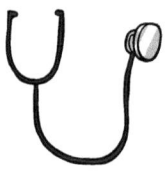

stetoskop
stethoscoop

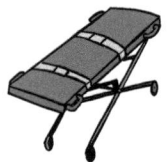

båre
brancard

termometer
thermometer

fødsel
geboorte

overvægt
overgewicht

høreapparat

gehoorapparaat

desinficerende middel

ontsmettingsmiddel

infektion

infectie

virus

virus

HIV / AIDS

HIV / AIDS

medicin

medicijn

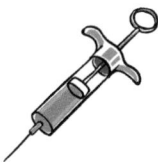

vaccination

inenting

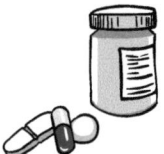

tabletter

tabletten

pille

pil

nødopkald

alarmnummer

blodtryksmåler

bloeddrukmeter

syg / rask

ziek / gezond

Hjælp!

Help!

alarm

alarm

overfald

overval

angreb

aanval

fare

gevaar

nødudgang

nooduitgang

Det brænder!

Brand!

ildslukker

brandblusser

uheld

ongeluk

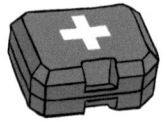

førstehjælps-kuffert

EHBO-koffer

SOS

SOS

politi

politie

Europa

Europa

Nordamerika

Noord-Amerika

Sydamerika

Zuid-Amerika

Afrika

Afrika

Asien

Azië

Australien

Australië

Atlanterhavet

Atlantische Oceaan

Stillehavet

Stille Oceaan

Indiske Ocean

Indische Oceaan

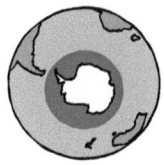

Sydlige Ishav

Zuidelijke Oceaan

Ishav

Noordelijke IJszee

Nordpol

Noordpool

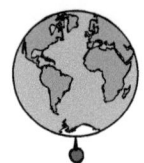

Sydpol

Zuidpool

Antarktis

Antarctica

Jorden

aarde

land

land

hav

zee

ø

eiland

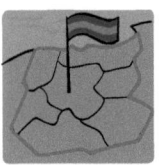

nation

natie

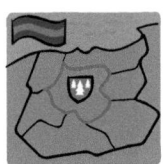

stat

staat

urskive

wijzerplaat

timeviser

uurwijzer

minutviser

minutenwijzer

sekundviser

secondewijzer

Hvad er klokken?

Hoe laat is het?

dag

dag

tid

tijd

nu

nu

digitalur

digitaal horloge

minut

minuut

time

uur

uge

week

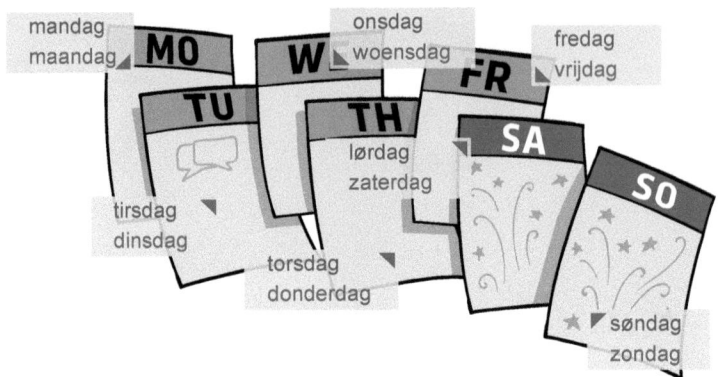

i går
....
gisteren

i dag
....
vandaag

i morgen
....
morgen

morgen
....
ochtend

middag
....
middag

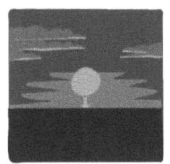

aften
....
avond

MO	TU	WE	TH	FR	SA	SU
1	2	3	4	5	6	7
8	9	10	11	12	13	14
15	16	17	18	19	20	21
22	23	24	25	26	27	28
29	30	31	1	2	3	4

arbejdsdage
....
werkdagen

MO	TU	WE	TH	FR	SA	SU
1	2	3	4	5	6	7
8	9	10	11	12	13	14
15	16	17	18	19	20	21
22	23	24	25	26	27	28
29	30	31	1	2	3	4

weekend
....
weekend

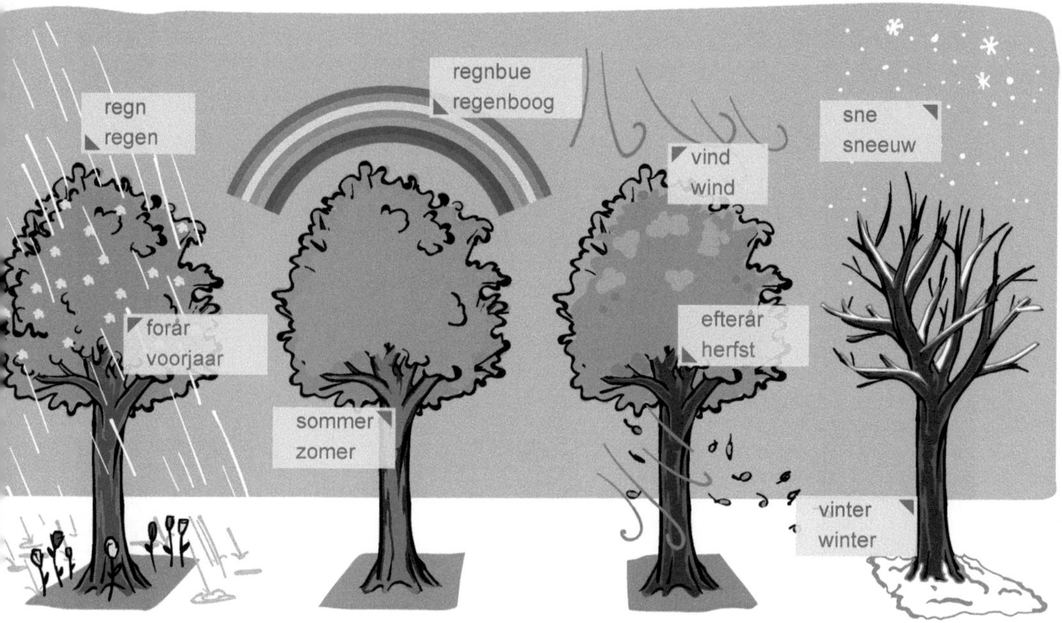

regn
regen
regnbue
regenboog
vind
wind
sne
sneeuw
forår
voorjaar
efterår
herfst
sommer
zomer
vinter
winter

4.APRIL 11°
5.APRIL 4°
6.APRIL 13°
7.APRIL 8°
8.APRIL 10°

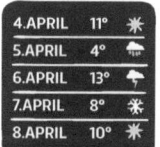

vejrudsigt

weerbericht

F
C
120
90
60
30
0
-30
40
30
20
10
0
-10
-20

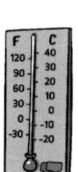

termometer

thermometer

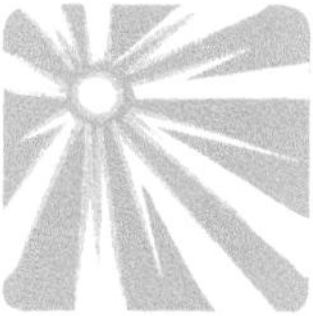

solskin

zonneschijn

sky

wolk

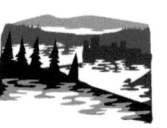

tåge

mist

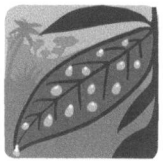

luftfugtighed

luchtvochtigheid

lyn

bliksem

torden

donder

storm

storm

hagl

hagel

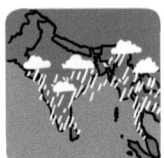

monsun

moesson

flod

overstroming

is

ijs

januar

januari

februar

februari

marts

maart

april

april

maj

mei

juni

juni

juli

juli

august

augustus

år - jaar

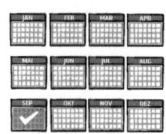

september
....
september

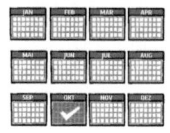

oktober
....
oktober

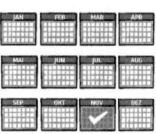

november
....
november

december
....
december

former

vormen

cirkel
....
cirkel

kvadrat
....
vierkant

firkant
....
rechthoek

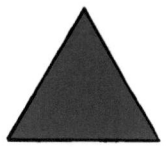

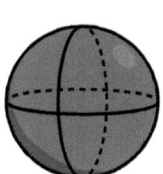

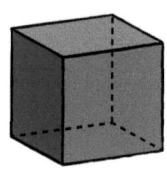

trekant
....
driehoek

kugle
....
bol

terning
....
kubus

farver

kleuren

hvid
....
wit

gul
....
geel

orange
....
oranje

pink
....
roze

rød
....
rood

lilla
....
paars

blå
....
blauw

grøn
....
groen

brun
....
bruin

grå
....
grijs

sort
....
zwart

meget / lidt

veel / weinig

rasende / fredelig

boos / rustig

smuk / grim

mooi / lelijk

begyndelse / slut

begin / einde

stor / lille

groot / klein

lys / mørk

licht / donker

bror / søster

broer / zus

ren / snavset

schoon / vies

fuldkommen / ufuldkommen

volledig / onvolledig

dag / nat

dag/ nacht

død / levende

dood / levend

bred / smal

breed / smal

spiselig / uspiselig

eetbaar / oneetbaar

vred / venlig

gemeen / aardig

ophidset / kedet

opgewonden / verveeld

tyk / tynd

dik / dun

først / sidst

eerste / laatste

·ven / fjende

vriend / vijand

fuld / tom

vol / leeg

hård / blød

hard / zacht

tung / let

zwaar / licht

sult / tørst

honger / dorst

syg / rask

ziek / gezond

illegal / legal

illegaal / legaal

intelligent / dum

intelligent / dom

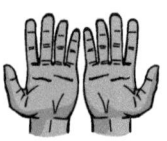

venstre / højre

links / rechts

nær / fjern

dichtbij / ver

ny / brugt

nieuw / gebruikt

intet / noget

niets / iets

gammel / ung

oud / jong

tændt / slukket

aan / uit

åben / lukket

open / gesloten

stille / højt

zacht / luid

rig / fattig

rijk / arm

rigtig / forkert

goed / fout

ru / glat

ruw / glad

ked af det / lykkelig

verdrietig / gelukkig

kort / lang

kort / lang

langsom / hurtig

langzaam / snel

våd / tør

nat / droog

varm / kold

warm / koel

krig / fred

oorlog / vrede

0

nul

nul

1

en

één

2

to

twee

3

tre

drie

4

fire

vier

5

fem

vijf

6

seks

zes

7

syv

zeven

8

otte

acht

9

ni

negen

10

ti

tien

11

elleve

elf

12

tolv

twaalf

13

tretten

dertien

14

fjorten

veertien

15

femten

vijftien

16

seksten

zestien

17

sytten

zeventien

18

atten

achttien

19

nitten

negentien

20

tyve

twintig

100

hundrede

honderd

1.000

tusinde

duizend

1.000.000

million

miljoen

tal - getallen

engelsk

Engels

amerikansk engelsk

Amerikaans Engels

kinesisk mandarin

Chinees Mandarijn

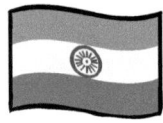

hindi

Hindi

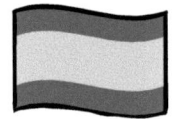

spansk

Spaans

fransk

Frans

arabisk

Arabisch

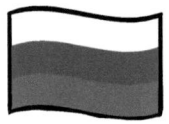

russisk

Russisch

portugisisk

Portugees

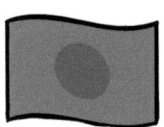

bengalsk

Bengalees

tysk

Duits

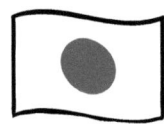

japansk

Japans

jeg
....
ik

du
....
jij

han / hun / den / det
....
hij / zij / het

vi
....
wij

I
....
jullie

de
....
zij

hvem?
....
wie?

hvad?
....
wat?

hvordan?
....
hoe?

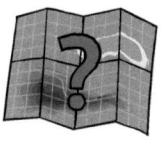

hvor?
....
waar?

hvornår?
....
wanneer?

navn
....
naam

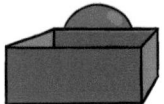

bag
....
achter

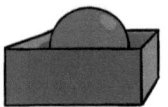

i
....
in

foran
....
voor

over
....
boven

på
....
op

under
....
onder

ved siden af
....
naast

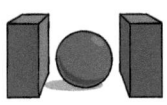

imellem
....
tussen

sted
....
plaats